AF599444

Tres inviernos seguidos del cuaderno del Tigre

Este libro ha sido impreso con papel 100% reciclado.

lasturaediciones.com / info@lasturaediciones.com

Colección Alcalima, n.º 253
Dirige la colección: Isabel Miguel

Editado en Madrid, España.

Primera edición: julio, 2025

Depósito Legal: M-16212-2025
ISBN: 979-13-990447-9-9

Impreso en Antequera, Málaga (España)

Manuel Broullón

TRES INVIERNOS SEGUIDOS DEL CUADERNO DEL TIGRE

Colección Alcalima de Poesía N.º 253

Nota preliminar

He decidido usar el lenguaje no binario marcado.

Cuando empleo la concordancia en «-e», me refiero de manera específica a las personas de género no binario: todes, chiques, empoderades.

Cuando empleo la forma «-x», utilizo el no binario como genérico inclusivo, es decir, que designa a personas de todos los géneros. Ya que la poesía tiende a convertirse en sonido y ritmo, propongo leer en voz alta estas «-x» como «e»: todxs, chicxs, empoderadxs; sonarían como: todes, chiques, empoderades.

El lenguaje poético no obedece a las normas lingüísticas.

Los usos lingüísticos, tampoco. Los diccionarios y las gramáticas deberían cumplir con el cometido de registrarlos.

Tres inviernos seguidos

«Volvió
el invierno con su blanco ajuar [...].
Y al ver
cómo soplan en mi corazón
vientos fríos de desolación
quiero llorar
porque mi alma lleva
brumas de un invierno
que hoy no puedo disipar».

—Enrique Cadícamo

«Yo tengo fletado mi equipaje
para morir en cada invierno
en los muelles que nacen de tu sangre».

—Juan Gelman

«No hay palabras en el mundo
para explicar la verdad
ni talento en realidad
pa 'penetrar en profundo
qué viento más iracundo
qué lluvia más alarmante
qué pena tan abundante
quién me da la explicación».

—Violeta Parra

y sí —pronunciaste en *tempo* lento
me mirabas
por última vez tantos ojos abiertos tras de ti
largo silencio
en que mirar tu ausencia desde lejos
a medio mundo de distancia

tú y yo somos la misma
conciencia develada en noches sucesivas

fuimos
tantas veces la mano mecedora
de esta ansiedad por dentro estalla el miedo y acelera

así no hay modo de dormir
los sueños ya no llegan a esta parte

la misma hora ocurre tantas veces
en cada huso horario

el tránsito incesante de la luz
por la superficie rastro simetría

repetición de las horas solares
desgaste nuevo comienzo

otra vez el ocaso
siempre se pone el sol en este imperio

línea de noche

azulea el perfil de la Tierra y después
el huso siguiente sincroniza
la hora solar con los relojes hábitos rutinas
precipicio a
cada instante devora la vida el tiempo que nos queda

nuestra vida que es nuestra y se nos dio
por una duración indescifrable

lo que es cierto y es verdad
porque ocurre
lo hemos visto nos ha tocado el astro
rey con sus fauces abiertas y devora
la capa más superficial de nuestras
pieles la misma piel que me acaricias
tendida al sol pronto salina a lo largo
del tiempo reflejada
hasta el infinito como espejo
en frente de otro espejo y otro más igual
que cada huso replica
las horas solares no cesan de ocurrir tú y yo
somos el mismo cuerpo
del mundo devorado
por tres inviernos seguidos
noche incierta latente
o sol sin piedad
con siete filos y libera toda
la acuosa sustancia
del sentido de la vista

de noche el ojo es torpe
los días nos deslumbran
quién mirará por nosotrxs
cuando tanta ceguera

Alfonsina Storni —ruega por nosotrxs
Néstor Perlongher —ruega por nosotrxs
Violeta Parra —ruega por nosotrxs
Tita Merello —ruega por nosotrxs
Negra Sosa mamá grande —ruega por nosotrxs
Pedro Lemebel yegua bonita —ruega por nosotrxs
María Luisa Carnelli —ruega por nosotrxs

—musito por dentro
ante el mundo mosaico donde aún
resuenan los aplausos ofrendados rosa
ausente piano mudo la pura poesía poesía pura
atraviesa y conecta todos los ámbitos
que la vista cansada no es capaz
ya no es capaz de esconder
con el radio de su esfera
garabato en espiral sin centro origen
imperio donde el sol siempre se pone
este imperio asesino que es la herencia
involuntaria arrastrada
a cada tropiezo eslabones de una cadena
con que nacimos
alrededor del cuello
doble vuelta de cordón

umbilical   mi caída al mundo

tu caída al mundo
nuestra caída al mundo   eslabones
de la cadena-herencia   alrededor

aun

la crueldad de estos tres
inviernos seguidos   eterno retorno
trinidad devoradora de certezas
hasta el centro del hueco en el vacío que me nace
entre los dientes de leche
guardados bajo la almohada   por si
con ellos invocara
el prodigio   tal vez
de los dientes de leche   caído
de los tuyos   de los míos   de los nuestros
bajo la almohada
dispuestos uno tras otro
alineados al tránsito de la luz
para que el tiempo el tiempo los devore
el tiempo padre sin piedad   devore   a sus hijxs
como infinitas caracolas   iguales todas

abandonadas por su propio huésped

lasciate ogni speranza voi ch'entrate

primer invierno
(norte)

«[…] no soy un marica disfrazado de poeta
no necesito disfraz
aquí está mi cara
hablo por mi diferencia
defiendo lo que soy
y no soy tan raro
me apesta la injusticia…».

—Pedro Lemebel

/ context free /

sólo la poesía
otra capa de tiempo
el invierno siempre llega
cubre con cristales transparentes

la arqueología tan sólo
puede imaginar lo que
no existe lo que falta
pulir las aristas perder
pie nos queda el signo
indescifrable ya

las formas puras

llegado el día en que la palabra
pierda su contexto entonces
sólo la poesía

/ context free /

en invierno a este barrio
el cartero no llega
tampoco
los milagros llegan

esperar es inútil

nunca nunca vendrán

debería sentir orgullo
por vivir
en una ciudad de tres millones
cuatrocientos sesenta mil
cuatrocientos noventa y un habitantes

todos vivos
debidamente designados
en masculino genérico —economía del lenguaje

ciudad sin fe ni mañana

tan lejos del mar que es origen
de toda forma de vida

ciudad sin fe ni mañana

que al mar que es substancia da la espalda
y al emigrante también

ciudad sin fe ni mañana

que el cielo —tan bajo este cielo
a punto de tragárselo todo

ciudad sin fe ni mañana

de tres millones cuatrocientos
sesenta mil cuatrocientos
noventa y un números

ciudad sin fe ni mañana

mano de obra barata y
recursos disponibles

ciudad sin fe ni mañana

donde la tierra no tiene horizonte
como así el mar lo muestra tan abierto

ciudad sin fe ni mañana

se reserva el derecho de admisión
para que no se conozcan lxs vecinxs

ciudad sin fe ni mañana

porque alguien tiene que perder para que
otrx sienta el placer de la victoria

ciudad sin fe ni mañana

el *skyline* de las postales no alcanza
para tapar el vertedero en su centro

ciudad sin fe ni mañana

de interminables avenidas sembradas
con las sobras de la cena de ayer

ciudad sin fe ni mañana

con dos tipos de personas
las de cerebro rápido y las de lento cerebro lento

ciudad sin fe ni mañana

quien tenga el cerebro lento es culpable
de no lograr otro cuerpo de no esforzarse suficiente

ciudad sin fe ni mañana

hace falta más mano de obra para llevar
la cena que después   sobras   basuras a domicilio

ciudad sin fe ni mañana
de tres millones cuatrocientos
sesenta mil cuatrocientos
noventa y un cerebros lentos
culpables todos
de no sentir el orgullo que debieran

es lo que dicta el sentido común
es que no te enteras cerebro lento
te pasarás la vida llevando comida rápida
cerebro lento a domicilio después sobras
basuras a domicilio
cerebro lento culpable de vivir tan lejos del mar
porque tú lo has querido

ciudad sin fe ni mañana

bocas calladas   ojos abiertos
de par en par   sentimos
de arriba abajo la mirada
de abajo arriba y ya sabe
cuanto ignoramos

no se debe decir lo que se siente
no se sabe sentir lo que se dice

adelantan al tiempo
proyectan ficciones   imponen sus mitos
tú hazme caso que yo sé   no te señales
y siguen y siguen mirando
de abajo arriba examinan
controlan de arriba abajo miran
lo que se siente y no se dice
porque no hay palabras para contar
esto que me pasa

aprendimos la tabla
de multiplicar presente simple
y continuo qué es el *leasing* pero
jamás nos enseñaron
a decir lo que miraban
sus ojos abiertos   bocas cerradas

y cuando pedimos la palabra qué creíste
calla tú no sabes
deja hablar a los mayores
bocas cerradas   ojos abiertos
imponen sus herencias

en los últimos cincuenta y cinco años
se han dado pasos muy importantes
pero tienes que entender

—siempre hay un pero

que los procesos históricos son lentos
la historia nos demuestra que es un paso
adelante y dos atrás

—dos atrás es retroceso

dos mil años de institución no cambian
de la noche a la mañana
c'è troppa frociaggine

se han dado pasos muy importantes

nuestro país es una de las democracias
más avanzadas del mundo
según los indicadores internacionales

eres demasiado impaciente
los grandes cambios son lentos

—demasiado lentos

—pero siempre hay un pero

Rosa Parks Marsha P. Johnson
Sylvia Rivera no entendieron
los ciclos históricos han sido
demasiado impacientes

une no puede esperar un siglo
veinte años medio minuto
después de haber nacido
y existir porque el hombre
tan blanco santo macho
nunca espera si te agrede

la juventud está dormida
la gente sólo mira por lo suyo
en mis tiempos corríamos delante de los grises
ni idea tienen de lo que es vivir en dictadura

el 15 de septiembre de 2008
quebró el banco Lehman Brothers
el sistema financiero implosionó desde dentro
temblaron los ladrillos con que habían construido
las piscinas   la correa de transmisión
del Polo Volkswagen   se rompió
de tanto meterle Madrid-València   la corona
de la princesa del pueblo   ahora es del banco
la entregamos   como dación en pago

austeridad

por el bien común se socializan las pérdidas
pero los beneficios
récord cada año que pasa
luego son privatizados

indignaos
movilizaos
resistid
porque no hay pan para tanto chorizo
porque nos mean encima y dicen que llueve
porque no porque no nos representan

porque cuanto peor mejor para mí el suyo
porque lo que tienen que hacer es montar un partido
y presentarse a las elecciones
pero si en España hay muchos partidos
Real Madrid-Real Sociedad
Real Betis-Real Oviedo
quieren asaltar los cielos y sólo montan chiringuitos
ni machismo ni feminismo, igualdad
para cuándo el orgullo hetero

democracia real ya

o yo o el abismo
porque han vivido
por encima de sus posibilidades

que no que no que no nos representan
indignaos
movilizaos
resistid

hicimos lo que teníamos que hacer
en el marco del Estado de derecho
estamos en el buen camino
por la senda de la estabilidad

y así están vencidos
vencidos otra vez

ya han pasado más de diez años
y estamos vencidxs
vencidxs otra vez
tan sólo pido a los cielos que no asaltamos
que no nos convirtamos en el centro moderado
que no seamos letra cursiva
ni ponernos de perfil
que no mintamos a la siguiente generación
diciendo que lo hicimos mejor que ellxs

«estás haciendo acusaciones muy graves»
dictum
decir no   decir basta
tiene consecuencias

yo nací en un piso bajo ¡respetadme!
quedarse en tierra tiene consecuencias
muy serias para quien mira hacia atrás
y riega su raíz

qué triste cuando la víctima
decide convertirse en verdugo
con la misma violencia que clavaron
en su cuerpo y ahora clava
sobre el cuerpo de cualquiera

¡salvad a Barrabás!

quién será lx primerx en decir basta
de una vez por todas
j'accuse

lista de algunas cosas inútiles
que me desviaron del éxito

andar en bicicleta y disfrutar tanto
viajar en tren
que para qué el *carnet* de conducir
aprender italiano en vez de inglés
tomar el sol en invierno
enamorarme de quien no me ama
y sentir todavía el impulso irracional de vincularme
pintarme las uñas —un chico con las uñas pintadas
empeñarme con una macetita de albahaca
preguntar si quieren agua
antes de servirme yo
ceder el asiento en el autobús
y el sitio en el altar del privilegio
reconocerlo cuando no sé algo
escuchar en vez de ocupar espacios
renunciar a ser los mismos de siempre
en todas partes
capitalizando su existencia
viajar al Uruguay
para armar un mate con mi amiche
en la playa buscar el agua flotar en ella
saber bailar tango sólo tango
y ni siquiera porque hay que ser muy macho
para el tango
centrar mi atención en el *cello*
mientras escucho a Mozart

entrar en las iglesias sin buscar a dios
tan sólo para oler el incienso
esperar la noche del primero de agosto
y buscar las Perseidas
bajo el cielo
contaminado de Madrid
leer literatura que no pasará a la historia
evitar el protagonismo y la exposición pública
escribir poesía
escribir poesía
escribir

tu problema es que haces demasiadas cosas
y no eres el mejor en ninguna

siento sobre mis hombros
todo el peso del mundo
el rigor de las normas
la obligación forzada
a la excelencia   siento
bajo mis pies la fuerza
del centro de la tierra
las voces del silencio
maraña de detritos
capa tras capa recia
muralla del olvido
sin forma ni silueta
reconocible   siento
el desequilibrio voraz
de estar siempre en el medio
esta conciencia   me atrapan
las voces a cada lado
todas me llaman por mi
nombre   repiten una
y otra vez el nombre que
me dieron al nacer
el mismo nombre que ahora
escucho desde arriba
el mismo que reclaman
para que nunca olvide
mi lugar bajo el peso
del mundo   los pies siempre
bajo la tierra firme
ya no malgastes más tiempo

en remover las piedras
no insistas en regar
los campos que sembramos
con sal de nuestras guerras
ni siquiera el terreno
es tuyo   tendrás que hacer
lo que te mandaremos
porque lo dicen nuestras
leyes universales
del sentido común
valores innombrables
que no conoces

                                siento sobre mis hombros
todo el peso del mundo   siento
bajo mis pies la fuerza
centrípeta del fondo
la inercia que me arrastra
con la urgencia de sus
leyes y me expulsa
cuando ya me han extraído
la mínima sustancia

        quién soy ahora que es pronto

tantos documentos copia compulsada
original pero la burocracia
probablemente era excesiva
para afrontarla en aquel estado
—pues tampoco estarías tan mal
aunque las normas son claras
nadie te advierte jamás
de cómo convivir
con el pánico a puerta cerrada
la violencia a tumba abierta
el fuego amigo
puñalada a plena luz
del mediodía

en los últimos treinta años
el eje de rotación de la Tierra
                                        se ha desplazado
cerca de cuatro metros respecto
a los polos magnéticos

bastaría la constancia
del mismo movimiento
y la inclinación del eje sería tal
que ya la estación nunca varíe
dentro del mismo hemisferio

días cada vez más cortos
nadie sobrevive a esta luz

días tan breves
volver a los cuarteles
de invierno   permanecer
en compás de espera

la luz artificial
sobre la puerta
amenaza con ahogarme

no hay salida de emergencia
tras la luz
esa luz nunca se apaga

el exterior sería hostil
incompatible con la vida

al otro lado sólo hay muro
tras la puerta de emergencia
tras la luz
y esa luz nunca se apaga

espera
¿la luz de emergencia nos vigila?

la Tierra no sólo gira
la Tierra también se agita   tiembla   se tambalea
alrededor de la luz ciega

grita si quieres
el universo no puede oírnos

decir cada vez menos
callar cada vez más

lo indeterminado

habitaremos la ambigüedad exacta
de la palabra simple
derramada

segundo invierno
(sur)

«[…] Si hay que esperar la esperanza,
más vale esperar cantando. […]
Como un canto de la tierra
hay que cantar esta zamba,
hermana de los humildes
cantadora de esperanzas,
alzada raíz de sangre
del fondo de la guitarra».

—Mercedes Sosa

por el cielo
nada un pez
tan enorme
como la boca de las avenidas
rugientes   o el chillido de los frenos
detiene en vano el grito
del fracaso de Europa   varada
sin su rapto en una playa   detrás
de esta selva habitada al margen

                                          olvidadas las orillas
la calesita derrama
una recta sin retorno
las luces vienen y ya nunca regresan
dejan su rastro ciego   deslumbran
con su brillo en el centro de los ojos
tan ciegos   y ya nunca regresan
al menos a este margen donde viven
la garra   el exceso   los frutales
                                 el caos
                                 las palabras que no entiendo
                                 porque nunca me enseñaron
                                 a hablar el español que aquí
                                                    [se habla
                                 mucho menos a escribirlo
                                 línea ~~recta~~ quebrada
                                    horror vacui

caballos blancos pacen
donde ya nadie los busca

restriegan en la tierra
su espalda   contra la tierra

la tierra
tan seca abrasadora suelo nuevo
barbecho de las luces de gas
buscan por los filos de los ojos
reflejan el deseo ignorado

humedad del cien por ciento
respirar no es suficiente
para abrir surcos en el enjambre

ciegos parpadeos sonoros

la figura del pálido desnudo
se filtra por debajo de la tierra
dominada por siete caballos
relinchan frente al desnudo   el desnudo
con una caricia   los duerme
se tumba en medio de ellos   y vela

el desnudo

mientras   un monstruo se arrastra
cerca de las luces extinguidas
otra noche sin luna y sin estrellas

como cartón —en otra parte
azul atrezzo rojos alambres
de claxon que desgarran el oído
República de La Boca
orden de lo inmediato
el afán de cada día
poco más
guau qué lukito te marcaste
me trae a la existencia
apenas distinguible *tu verde, flaque*
continuidad discreta reclamos
en la lengua encarnada del chongueo
pero se cruza el capital *cambio cambio*
amarillo violeta rosa
las trepadoras liberan al aire
el secreto escrito en su ADN NADA *dólar dólar euro*
escapatoria rama enredadera vertical encendida
vení mirá
el rugido del piquete
la risa después de coger
el sabor del choclo recién
el berretín mecánico del bandoneón
quilombo por un gol de Boca Juniors
un perro ladrando al teléfono que no para
de sonar paso de gato
que vigila por todo el conventillo
chamuya el viento patagónico
NO porque al final acordate
de quién miró por el pueblo

¡vení!
por el río vendrá el viento
capaz que rompe el mundo desde dentro
con la urgencia del ahora
[pivot] el crudo sabor de lo inmediato

por las tardes   el tiempo me da miedo
porque veo los paraguas abrirse
encima del reflejo de los charcos
aguaespejo   tan gris el cielo   tan triste
todo plano   no hay fondo verosímil
por encima de la mole   rascacielos
ahogadas cabezas de serpiente
las galerías   desagües
en el subsuelo   asfalto sin horizonte

impecables   lxs niñxs cruzan la avenida
con sus paraguas rotos   la lluvia
azote   el silbido entre los autos
sus faros encendidos trueno asíncrono
déjà vu en mi biografía
de paseos por páginas de libros
tantas dobladas esquinitas
por la línea de la vida que se pasa

no me dejes amor
aquí
sole imaginando
cómo las nubes arraigan sus tripas
                    bajo el mar

en la otra cara de la tierra ya es noche
cerrada y el efecto de Coriolis
gira mi sangre en sentido
inverso a las agujas del reloj

raya de cielo deshilado
cresta quemada   perfil de gigante
recortado ante azul de ciclorama
por detrás de los límites del marco
~~de mi ventana~~   del cuadro
a este lado   en mi frontera
ya nada queda   apenas nada
nada más que la ~~retina~~   pantalla
sin ninguna conciencia que vigile

la calma perseguida nunca llega

ojos que por fin
como máquina fotográfica
sin razón
exacto mecanismo
acto limpio con memoria
funcionando el engranaje
inhumano
si la máquina

apenas fuera el oficio
una pieza intercambiable
baile de máscaras   o
como los trajes en escena
superficie trascendida   símbolo
opaco   indescifrable
lugar donde la voz
se levante   el brillo del acento
lo peor   el pasado
la herencia inconsciente recibida

mi oficio es de poeta

si lograse arrancar esta memoria
que no es mía
de mi cuerpo   esta piel
si escuchara otra voz mi voz bajo la máscara
la del símbolo   alta y clara
si pudiera
con precisión
la máquina

I
costanera

he venido a este lado por venganza
donde rompe un mar   arranca raíces
impuesta crueldad de todo exilio

donde brota el llanto de lxs pibes
antes de mal dormir

                                donde
comienza la selva embarrada
y las olas sin frontera
engullen   mar de fondo   los abrojos
del mar

                        siempre reclama lo que es suyo
no habrá perdón   el mar siempre regresa
compás *a ritornello*   rompe   arrastra
jamás devuelve y entierra los pies
bajo la arena   aguarda en la orilla
nunca podrás salvarte
acá   pero en
arenas-movedizas-agua-barrosa
frontera sin límite preciso
donde no llega el canto de sirenas

a este lado   la bruma

la fronda nos consuela   abraza a quien se atreve
a pisar con pies desnudos
a dejarse devorar por el estruendo
de lo alto

                                                  se espera pronto
                                                  muy pronto
que los barcos descarguen sus canciones
de barbarie   de muerte   su tristeza
el mascarón pendular   emblemas
de la misma ciencia que ha inventado
las bombas de racimo

II
queja

he venido a este lado por venganza
para seguir pintando pancartas
con lo que haya más a mano
con la decepción   con los surcos
de las lágrimas por ambas mejillas
cuando se pierde el laburo   el pan
si se consume el amor   o si la vida
se escapa del dominio del abrazo

pintaremos pancartas con lo que haya
más a mano con amor armado en las caderas
con sangre por encima de la piel
cuarteada sobre el cráneo
constancia de la queja
esta revolución se baila   se canta tan alto
que saldrá por la garganta el crudo
aire húmedo   rugido
golpe seco de los tacos   tan suave
fluir por todo el torso de las manos

protestar incluso cuando sabemos
que nunca cambiarán los vientos

la memoria es un órgano
que no tiene cuerpo

al menos   un cuerpo solo
no   la memoria
es juntura de heridas cicatrices
en las pieles separadas   y escuecen
como una sola   porque contaremos
una y otra vez los abusos

la injusticia de quienes usurparon
la vida   —sí sí la vida
que necesita un cuerpo
para ser   la memoria
es lo poco que nos queda

todos los cuerpos uno

para que aún podamos dolernos
en el presente por cada vida arrebatada

por las víctimas de las tiranías
oficiales del Estado

recuérdalo tú y recuérdalo a otrxs

de todas las atrocidades
que el ser humano es capaz de cometer
tan sólo una
no puede perdonarse

renunciar a la certeza
de que otro mundo más justo es posible

si al madurar abandonamos las utopías
entonces tendré siempre
complejo de Peter Pan

saqué la imagen por fuera
me la anudé a la garganta
aunque me enrede y tropiece si intento
poner un pie delante del otro

visión

que sólo existe en el cable
eléctrico la memoria
húmeda tan frágil
como el verde cambiante
del iris

quedarse

y no marcharse
marcharse y que ya no quede
nada de cuanto al azar se derrama
por el umbral de los trazos
que tachan mi garabato

acaricio la mirada
celebro haber engendrado
dentro de mí esta imagen

ramas de lo distinto
habladme de la corteza
que recorre el tacto   retengo
en las yemas de mis dedos
el tacto   de otros dedos
la imagen   camino
por vuestras sombras
raíces de lo distinto
sobre vuestro subsuelo —digo
ahora mismo besaría
cada porción por donde
los pies de lx ausente han pisado
antes de la erosión
que arrastró la roja tierra roja
corriente río abajo
ramas de lo distinto raíces
¿me diréis por el envés
de vuestras hojas
          el negativo
sin hojas ni flores
sin frutos siquiera
lo que vieron sus ojos
cuando el mismo sendero
la conciencia primera atravesaba?
raíces de lo distinto ramas
velad el hueco en el pecho abierto
aguardo el tiempo en que caiga
este enjambre de contradicciones

se lo he leído a Borges
el jardín de los senderos
que se bifurcan

imaginad un libro

Borges lo puso en mi conciencia
donde quedaron escritos mejor mezclados
todos los (im)posibles
todo cuanto pudiera
llegar a imaginarse
también lo que no ha sido
ni será quién sabe
mezclado agitado
en las simas que se abren

las yemas de los dedos congeladas
las mismas que sintieron
el tacto del papel las que andan
sin rumbo por las fallas
del silencio
en las horas muertas las muertas horas
estaciones de paso
compases de espera en los que habito

por azares convivimos nadie nos obliga
si cada presente abre
sobre su centro como en el *teatro*
bajo la arena la contradicción

de las formas puras todo se escribe
con pasos perdidos mas escritos quedan
y así es mejor que no atreverse
a vivir otro invierno todavía

tercer invierno
(norte)

«No es lo que falta, es lo que sobra, lo que no duele.
Aquello que excede la austeridad taimada de las cosas
o que desborda desdoblando la mezquindad del alma prisionera.
Mientras estamos dentro de nosotros duele el alma,
duele ese estarse sin palabras suspendido en la higuera
como un noctámbulo extraviado».

—Néstor Perlongher

me presiono otra vez

me presiono
con las yemas de los dedos
por encima del diafragma
bajo el esternón
gracias a él respiro
me protege al hundirme sobre mi centro

puedo tactar el vacío
un vacío que ensancha por dentro
de mi cuerpo   se hace
cada día más grande

no controlo
dentro de mi cuerpo propio   llevo conmigo
un vacío de diez mil kilómetros
de diámetro es mi carne
la canto con latidos inconscientes
cada vez que exhalo lento
y el aire ocupa toda mi extensión

interior noche sigue la vida
de puertas para adentro los días
apenas luz silencio el sol
ni siquiera oriente sin estrellas
los sabios subastaron sus coronas
de cartón de purpurina las mañanas
a oscuras vigilamos
si relampaguea algún cometa
pedimos un deseo no lo diremos
jamás y así se cumpla pero acepto
que casi nada depende de mí los días
oscuros como noche cerrada

añoro el círculo con que —recuerdo
se abrazaba la espina dorsal
sobre sí misma
deseo o voluntad
de ser frágil de no ser
o no ser ya la voz sino la escucha

presencia abierta a la intención callada

los documentos olvidados
las fotos de carnet
donde no reconozco más
que la raíz roja
del animal asustado

extraño tanto el retorno

la cabeza apoyada en el centro
donde despierta el sexo
y se hunde el hambre de quedar
al abrigo del cuidado

tacto sobre la piel entregada

asisto al tiempo
de nuevo el tiempo
en que las utopías se clausuran
las ventanas se cierran
las puertas tapiadas

irremediable velocidad devoradora
del polvo que se escapa entre las manos

antes papeles sellados por la recta
autoridad   fuimos
sujetos de derecho
número de registro de empleado
cuenta corriente asegurada
con código SWIFT clave personal
doble verificación
nada se perdía por ese pozo sin fondo
de los registros que hoy
entre las manos del viejo mundo
son error en el sistema

<no se puede acceder a la base de datos>

ahora reconozco al ángel
y lo odio con todas mis vísceras en canal abiertas
por el filo de su espada

ahora puedo nombrar al ángel

es un exterminador
enviado a clausurar las utopías
con su espada de hielo
a romper espejos

el ángel de las puertas del Edén
alfa y omega
enviado en este invierno por dios mismo
para mostrarnos
que hemos vuelto a fracasar

y ya son demasiadas
las veces que esta historia
se repite

por favor alguien ¿están ahí?
¿hay alguien? por favor
hay acá una persona
no nos deja salir
apagó la música
por qué ya no podemos
quedarnos en la playa
jugar a ser delfines
reír como delfines
por qué pide dinero
para beber agua
¿no podemos hacer
otra vez el poema
todas las voces una
como los radios de la
rueda giran hasta
desaparecer como
alas de colibrí?
por favor qué me pasa
explíquenme
por qué ya no me creen
¿dónde están mis amigues?
por favor ayúdenme
a decirle a esta persona
que no queremos más
ser cuerpos separados

tengo miedo de que seas
imagen tuya dentro de mí

y encerrarte en mi recuerdo
y decirte nunca cambies

tengo miedo de volverme
imagen mía en mi inconsciente

y torturarme con ella
porque no me ajusto a su perfil

tengo miedo de la imagen
que elevarán después a los altares

tengo miedo   si nosotres
nos volvemos una imagen

en las manos del que ejerce
la violencia

acúsame si mañana me convierto
en la bestia que hoy día
nos hiere con su garra

elijo equivocarme
perder de nuevo el tiempo
estar siempre en la luna
de València subirme
al guindo andarme
por las ramas
decir lo siento
toda vez que haga falta
arruinar mi reputación
decrecer dar rodeos
sentir dolor
(re)construir sobre las nubes
castillos de cartón
anticiparme porque
talarán los árboles
quitarán la yerba
y *aunque me tiren el puente*
yo cruzaré a nado
elijo el margen renuncio
a perpetuar tanta violencia

a la hora perfecta empieza a mirar
mirar es todo lo que
es capaz de hacer su cuerpa
no deja de mirar
mirar es todo lo que
ha hecho mientras los niños
jugaban con los mandos
una y otra partida
al mismo videojuego

a la hora perfecta empieza a mirar
no mira nada   lejos
de los gritos   la sangre
corriente   abierta sobre el
asfalto seco   nudillos
hirviendo bajo el sol
a cuarenta y un grados
de silencio por costumbre
aquel verano hace ya tanto tiempo

a la hora perfecta empieza a mirar
y encuentra otra mirada

se reconocen

no dejan de mirarse
lejos lejos ausentes
ya no dejan de mirarse

a la hora perfecta

rastro hundido sobre el cielo de la boca
memoria que después
de haber vivido tan lejos
se ha convertido en lenguaje
común si las palabras
fueron el único modo
que tuvimos de amarnos

luces del horizonte
día primero del tercer invierno
día último del año
otro año
como entonces
el sol se pone pronto
gime bandoneón gime
bruma malva disco opaco
sobre el rumor pinar cantante olas
tras el confín del mar
vuelvo al sur
muchos años luego
de aquelle adolescente
en otro sur mismo *final de juego*
busco el dominio del abrazo
soy del sur
apilamos el peso
nuevo centro de a dos
mientras dure el abrazo
mejor será la escucha
que gima el bandoneón
cerrar los ojos
abrir la conciencia
a la sabiduría ancestral
que el cuerpo
entraña   misma confusión sentida
por mi abuelx mi bisabuelx
mi tatarabuelx
tan perdidxs

como aquelle adolescente yo
la noche última del año
todo sur donde arrasa
otra vez el confín
gime el bandoneón gime
rompamos a llorar
nos entregamos al naufragio colectivo
nos abandonamos
al abrazo armado
al rigor de otro invierno
compartiendo la soledad

he comprendido
que no fue otra vuelta al sol
sino la espiral finita
en torno a ningún centro
fue el borde invisible
fue el hueco   entre los márgenes
fue el ansia de romper por dentro
del fracaso   otro fracaso
deshacer los nudos uno a uno
recorrer los filos de las hebras
                                        y mirar
a través de los bordes
a contraluz
en el punto ciego mismo
observar mi frágil transparencia
deshojar la corteza
es inútil tratar de consumar(me)
meterme los dedos enteros
por el ombligo buscando la causa
primera los pedazos del espejo
y levantar con mis uñas
los bordes de la herida
tacharía por dentro la frontera
de la piel rasgada   la hemorragia
tactaría el borde interno de mí
el hueco entre la piel
y el flujo incesante colorado
portador de mí
ya no giro sobre un punto

permanente en el tiempo
la corriente me conduce
con toda su violencia
a mi natural tendencia al vértigo
me arrebata el instinto
de abrazarme en torno al centro
y en lo oscuro
del relámpago   sed de mi inconsciente
brotarán afiladas convulsiones
                    ya han quebrado mi esfera
la transforman   me la ofrecen
la extensión latencia en dirección a nada

del cuaderno del Tigre

«Ro'y omoperõmbávo
akói che róga tuja,
che keguýpe hendy asymi
tata'y.
[...] Tata'y
aheka
pe ñe'ẽ
amyendymi haguã».

—Susy Delgado

«Oh sol fecundo, tierra enardecida,
cielo estrellado, mar enorme, selva,
entraos por mi alma, sacudidla.
Duerme esta pobre que parece muerta.
Ah, que tus ojos se despierten, alma,
y hallen el mundo como cosa nueva...».

—Alfonsina Storni

«Mecê tá ouvindo, nhem? Tá aperceiando...
Eu sou onça, não falei? Axi.
Não falei —eu viro onça?
Onça grande, tubixaba».

—João Guimarães Rosa

I

Escribir. Una impostura. Pero voluntad irracional todavía. De escribir. La palabra «árbol» fracasa al decir la maraña alrededor. No conozco la palabra. Algunos similares árboles he conocido en Europa. Pero no son palabras. Otros árboles. Concretos. Sus propias palabras. Inventadas. Todas. No hace falta imaginar. Existen. Existían. Antes de. Siempre. Otras lenguas. La mayoría no se parecen en nada. Lo que oigo. Lo que toco. Lo que gusto. Lo que huelo. Me falta lenguaje. Descolonizar. Si una lengua un mundo, el mundo desborda al mundo entero. Los sentidos no alcanzan a sentir lo que rodea. Esta vorágine. El escándalo. Desde el amanecer. Antes del amanecer. El cielo entero un estruendo. El cielo tan plano las crestas de esta selva. Color gradiente deprisa. Lo he visto. Transforma lo visible. Todo. Hay más allá. Despierta aturde mis oídos. No es molesto. Me entrego a la confusión.

A contratiempo primavera. Estación tardía para el norte. Demasiado temprana acá en el sur. Pulso constante. Calor. Lo que me rodea me afecta. Me acaricia. Me hiere. Me gusta. No hay nada exótico. Es destructivo. Por ello necesario. Me atrae su fuerza. Pulsión de renunciar a toda expectativa. Mi vida anterior a mis espaldas. El resto de mi vida. ¿Vale la pena continuar aquella forma de existencia? Aprender. Producir. Callar. Ignorar la violencia. Reproducir. Resignarse porque para qué. Evitar el conflicto. No hacer preguntas.

Vivir con la herencia. Violenta. El resto de mi vida todavía no conozco. No probablemente. Jamás. Confrontar la selva. Es hora de decir basta. Alguien tendrá que hacerlo. Por vez primera. Renegar. Abrir otro camino. Desaber lo sabido. Presencia. Sólo presencia. Mientras dure.

Otra selva. La misma. Convulsión. Tal vez. Yo. Seguramente mi silueta. Escapa mi sombra. Se desvanece. Se hace tarde. No hay silencio. Cielo plano. Malva. Añil. Negro transparente. El estruendo me confronta fuerte. Ya no soy yo cuando escribo la palabra «yo». Cuando la lea otrx estaremos lejos. El río ruge. Sus cien brazos sangrantes. Rojo marrón arrastra escombros. Vísceras. Por culpa nuestra. A la seño vas a ir. El ser humano es voraz. Nada que no destruya. Por qué tuvimos que tirarlo todo al río. Pensando que la corriente limpiaría el crimen. Lo haría desaparecer. El crimen. Obvio yo no desangré a la bandada de amarillos quetupíes. Lo hizo alguien. Culpa mía también. Nadie es ajeno al crimen. Dimitió la seño. Comimos el crimen. Bebimos el crimen. En forma de dólar soja. Está en nuestra sangre. El crimen. El ADN lo lleva. Nacemos con él. Lo hacemos crecer durante la pubertad. Le salen pelos. La madurez lo convierte en lenguaje. La vejez en herencia. Los malos siempre ganan. No da igual. De este mundo no podemos caernos. El río ruge. La extinción es inminente. Advertidxs estamos.

Una parte de la materia se ve. La otra no. Pero existe. Me recorre. Nos atraviesa a vos y a mí. Respiro.

Me lleno de esta selva. La materia entra en mí. Partículas. Bacterias. Nos contaminamos mutuamente. Mi organismo es nocivo para las bacterias. Para el entorno. Todo. Mis residuos. Átomos que están aquí y al mismo tiempo. Materialmente. En el otro extremo del universo. Mundos extraños se conectan. Contaminados. Esto es una certeza científica. Es decir conjetura que damos por buena. La ciencia, interpretación. Dinamismo. La verdad, un pacto. Y menos mal. Ahora podemos pactar que al leer estamos en la selva. La contaminamos. Nos zamarrea. Entre sus dientes. Ahí. Entonces. La selva una correa atada a las muñecas. Anula voluntades. Exige absoluta sumisión al vínculo. Lo quiero. No me pertenece. Me lo hace saber. Imposible romantizar tanto caos. Excesivo. Soy un ser extraño. Débil. Atropellade por la maraña. Pero la selva me demanda. Todavía. Me exige. Incluso lejos. Me confronta. Innegable. Misterio extraño formula una pregunta indescifrable. Ya no puedo escapar. Me devora. Ser parte de este todo exige un derrumbe total. No estoy a la altura. Otro fracaso. Más. Abandonar la escritura. Quedarme. Callarme. Y olvidarme.

Muro de palabras. Prisión del sinsentido. Distorsión. Destapa las aristas más contradictorias. Corriente impredecible. Si yo me convirtiera en tinta, el mundo me convertiría en borrón. Si yo me convirtiera en árbol, el mundo acusaría a un garabato. Unos ojos. Lejanos. Algo tumbado sobre el pasto. Nos miramos. Todo ficción entre nosotrxs. Algo se rompe si lo registro en la escritura. Siento el crujido. Me mira para decirme que había que romperlo. La selva exige que todo se venga abajo. Y está bien. Habitamos el conflicto. En el daño, la ternura atraviesa con hilos invisibles. Apuntan a otro lado. El océano lejano tensa todo. Los hilos. Hilos que me mueven. En esa cara del mundo todo es océano. Lo han convertido en un basurero. Vertedero de alta tecnología. Ahí tiran lo que nadie quiere. Como no se puede habitar, lo olvidamos. Hacemos como si no existiera. Pero existe esa cara azul del mundo. Y exige. Lo quiere todo. Es tiranía. No esperábamos encontrarnos en el silencio sonoro. Lejos. Por los hilos. Hilos que me mueven. Quedarme. Callarme. Y olvidarme. Colapso la presencia material. Nuestra. Para qué aferrarse a la idea vaga de inmortal. Escribir continuidad. Escribir sin parar. Llenar cuartillas. Desconectarnos por el sinsentido. Entregarnos vos y yo a la idea de que vamos a extinguirnos. Pronto. Certeza. Desaparecerá la conciencia. Al fin. Quedarme. Callarme. Y olvidarme.

Mis coordenadas geográficas: -34.383747, -58. 560718.

Las coordenadas geográficas de lo que tensa los hilos que me mueven: -48.876667, -123.393333.

II

Erosión. Se recomienda no bañarse. En el río. En caso de. Frotarse inmediatamente. Con jabón. Sacar residuos. Pero mis residuos. Adulteran el agua. El cauce. Mi masa eleva el nivel del río. Anoche subió. La contaminación. Lleva todo el día en ascenso. Pronto nos habrá inundado. Silencio. Una presa común. Movimientos erráticos. Escribir. De-escribir el Paraná. Es agotador. También erosión la escritura. Ahora oigo. A pesar de la vorágine. Desde cuatro puntos cardinales. Los cuatro. El rasgar de mi pluma el papel. Lentos movimientos. De mi muñeca. Origen. Es rumor al fin y al cabo. En la selva. Otro ruido. Hay lugar. La tinta pronto. Muralla de letras. Apenas palabras. Sin sentido. Una lengua se derrumba. El mundo. Derrumba. También. Y después la extinción. Jeroglíficos.

No tomamos nada en serio. Aquí. Se rebate todo. Se ríe. Para qué si no. La escritura. Todo queda a medias. Abierto. Nada se termina. No podría. Sin proyecto de obra. Asco de pasar a la historia. No importa. El género literario. El canon. El ansia de reconocimiento. Renuncia. Voluntaria. Movimiento mecánico. Si la máquina. Tiene más sustancia que ser humano. Incapaz. Ir y venir. A través de. Trans. Las palabras. Ni siquiera. Por la tinta. Los surcos de tinta. Abiertos. El papel. Hendido. Por la pluma. Para qué. No fue bastante. La vida. Melancolía. Pérdida. Como para todavía escribirlo. Penoso arca de palabras. La escritura. Todavía imaginamos. Escritura compulsiva en lugar. De escritura automática. Retazos todo. Incompleto abierto. En canal. Aplazamos el razonamiento. Registro movimientos de conciencia. De nuestras conciencias. Conectadas. Mientras convivimos. Inconsciente. En mayor medida. Aunque lo olvidemos. O ignoremos. No se puede. Lo que sentimos instala la conciencia en el presente. Arca de palabras la escritura. Vincularnos es lo único. Me atraviesa. Nos atraviesa. Todo traspasa y frágil relación. Sostener el vínculo. Es lo último.

En el río. Nos bañamos. La alegría porque sí. El fondo. Denso. Invisible bajo agua barrosa. Corriente sube y baja. A veces. El fondo. Con los pies. Las plantas. Al completo. Apoyan el fondo. Se siente igual. Que una piel. Lisa. Resbalosa. Cuero mojado. Piel al fin. Pero viva. Pienso siento que. El río vivo. Es un ser vivo. El río. Con su piel. Piel anfibia. Animal paciente. Con los pies. Las plantas. No podemos ver. El tacto. Su presencia. Mansedumbre. De las fieras. Dormidas.

Los brazos extendidos. Lo huelo. Me huelo. Al animal. Tode mezclade. Contaminade. Escrito en. Contaminade. No queda nada cuando. Se seca. La materia la ficción. La escritura. Tinta surco. Erosión sobre el papel. Contaminación el papel puro. Su blancura. Los residuos. Ya impureza. El papel. Muro de signos. Apenas. No más proyecciones a futuro. La extinción. Pronto. No amenaza tormenta al horizonte. Ni asomo. Tan sólo cielo. Artificial. Parece. Ciclorama en el teatro. Cambiante. Primavera. Pronto un ciclo. Otro. Como aves de paso. En perfecta formación. Sobre nosotrxs. Vinculadxs. Desde el inconsciente.

III

Cerca. O lejos. No sé. Me he desorientado. Abandonada cabaña. Pasos erráticos llevan hasta ella. ¿Sabré regresar? El borde de la isla no es un camino. La orilla marca la ruta. Sirve de límite y frontera. También me guía. No es un camino. Hay lugar para ir por ella. No es un camino. Tan sólo es orilla. Arena. Agua hasta el tobillo. Aguas turbias. No es un camino. Apenas corriente. Sigo una ruta al menos.

Tanta maleza desborda. La orilla. Plantas y río misma sustancia. Infranqueable. Cabaña sin puertas ni ventanas. La selva atrapa al edificio. Lo devora. Proceso caníbal. Lento. No hay dientes que mastiquen. No hay aullidos. Nada de dolor. El tiempo tanto que la presa. Se entrega. Con placer. Las ramas. Un sauce llorón asedia la estructura abierta a la intemperie. Sus ramas. Entran y salen por los huecos. Sólo huecos abiertos. No hay adentro. No hay afuera. Todo continuo. Hojas pendientes cubren todo el techo de las habitaciones. Caen al suelo. O caerán. Verde arriba. Crujir bajo los pies. Vendrán otras nuevas. Caerán también. Y luego otras. El lugar siempre repleto. Abarrotado.

He llegado hasta aquí sole. Sin compañía. Me vinculo con el entorno de manera más intensa. Sin interferencia humana. No hay lenguaje. No hay recuerdos. Ni deseos. Los sentidos volcados en la urdimbre de la selva. Lo exige todo para ella. Hay que entregarse. Sin resistencia. Las yemas de los dedos acarician la corteza. Lisa. Ramas invasoras. El sauce. Hojas largas. Suaves. Toda la pared. Hiedra. Apenas se ve el yeso. Grietas trepadoras. Caído a trozos. Grandes. Diminutos. Los ladrillos. Hiedra agarra el aire. Entero. Trepanadora materia inorgánica. Toda materia es orgánica. Pero. Agarra. Reclamo silencioso. El piso cubierto. Hojas. Cortezas. Muerte. Barro donde reptan otros seres vivos. Más pequeños. Fuimos lo mismo. Hace millones de millones de años. Compartimos sustancia. Apenas visibles. No hay amenaza. El peligro reformula su urgencia. Pasos cortos. Hilera de hormigas. Grandes. Más en grupo. Aplicadas. Fila india. Transportan en comunidad. Ramita fresca. Todavía. Reguero de savia. Cúmulos verdosos sus extremos. Dos hojitas verdes. Su centro. Asimétrico. Asoman. Marrones los bordes. Quemados. Principia la descomposición.

Cotorras chillan. No era imposible traspasar el umbral. De la fronda exterior. Vueltas vueltas a toda velocidad. Largo rato. No hay tasa. Ni medida. Sólo estridencia. Hermosa. Otro hueco distinto. Las devora. Canto agudo. Escandaloso. Regio por encima de todo. Histéricas. No hay silencio. Eco. Recurrencias. Impresiones. Puede que reales. Puede que recuerdos. Recientes. Puede que. Del techo raíces largas. Cuelgan oscilantes. Pretenden la humedad. El barro. Suelo muerte que no ausencia. Qué planta poderosa crecerá por encima del techo sus raíces. Me pregunto. Salgo por una ventana. Imito a las cotorras. Más despacio. El tiempo es breve. Más quizá el ser humano. Tan grande y torpe. El ser humano. Si la cotorra tan ágil. El vuelo trayectoria perfecta. Trascendencia limpia. De los límites. Sobre el techo una maraña. Retomo el camino. Imposible regresar. Conozco la ruta. Me acuerdo. Pero. La orilla no es un camino. Voy hacia otra parte.

IV

Ha saltado la noticia. La televisión habla y habla. Todas las cadenas. A todas horas. Cada una su bucle. Repiten la noticia. Yaguareté. Panthera Onca. Tlatlauhquiocélotl. Fieras andan sueltas por la provincia. Alerta. Sueltas de qué. Quién las amarraba. Qué hacer en caso de encontrar al yaguareté. Repiten. La mujer que no está en la tele. Tan morocha. Ríe divertida. A la orilla. Lo primero, santiguarse. Rezar todo lo que sepan. Si sobreviven, a la oficina de Gestión Ambiental del Municipio y la Provincia. Contar que el yaguareté no se ha extinguido. Inmediatamente. Esa sería la noticia. Ríe de nuevo. La risa contagiosa. Tristemente. En la tele sin embargo. Se recomienda. Agitar los brazos. Gritar todo lo fuerte que se pueda. Poner la mochila encima de la cabeza. O el abrigo. Lo que sea. Parecer más grande que la fiera. Imponerse. Por la fuerza. La ley de la selva la llaman los hombres blancos. Que el yaguareté no sienta que es su territorio. Su territorio. No compartir el mismo espacio. Las calles. La ciudad. Los contenedores de basura apenas mierda rechazada en las casas de cristal. La risa contagiosa. En caso de. En bucle.

Digamos que. Contemplaría frente a mí. El yaguareté. Regio. Enredado fulgor su cuerpo. Moteado. Fuego inextinguible. No sus dientes. No los muestra. No los vería. Yo. Sabría que existen sus fauces. El peligro es lo oculto. Que todavía. No se muestra. Ahí el peligro. Vería en sus ojos mi reflejo ondulante. Cristalino oscuro. Casi negro. Reflejo. Imagen de mí en la fiera. No vería al yaguareté. Sino un espejo. Acuoso. Lo removería. Lo rompería a pedazos. El espejo. Para ver al yaguareté. Majestuoso. Su ojo puro sin la imagen de mí.

El yaguareté me habría devorado. Finalmente. Yo. Me dejaría engullir sin resistencia. Sus comillos. En todas partes mi carne abierta. Mi interior atravesando su garganta. Por ser parte del reflejo me miré. Soy cuerpa de la fiera. Ahora. Única sustancia. Sin línea divisoria. No hay frontera. Ya no el traje de mi nombre. Mi documento de identidad. Mi vocación. El oficio. Historial médico. Ni penal por muy en blanco. Ya no. Me tumbo cuando el yaguareté se despereza. Me agito si corriendo. Duermo si la noche. Madriguera. No sirvo para nada. No soy más fuerza de trabajo. Valor de cambio. De uso. Ninguna plusvalía. No me recortarán más derechos. Ni me agredirán. Nadie me buscará en las listas de personas desaparecidas del año pasado. O el siguiente. Ya no más. Me esperaban para cenar en casa. Dejaron de hacerlo. No tengo más conciencia. Tampoco. Ni culpa. Ni sueño. Seré nada. Me habré extinguido. Finalmente. Ya era hora.

Agitarán los brazos. En la tele. Gritarán hasta agotar sus voces. En el aire. Por defender su territorio. Que el yaguareté no crea que es su espacio. Amenazar. Demostración de superioridad. El hombre blanco. Por dios creado. Para someter a todas las fieras. Al mundo. Con su palabra. Los nombres comunes. Como animales domésticos. Pero el yaguareté. Por mucho que sus dientes escondidos. No los muestra. Fácilmente. El peligro. Es lo oculto. Que todavía. No. Pronto la extinción. Te alabamos.

El yaguareté. Aún. Su mirada serena. Indiferente. Se retira. Me llevaría a mí el fuego todopoderoso de su cuerpo. Yo sería espejo. Ahora. Su mirada paciente. Para extinguir a otrxs. Puntos líneas indeterminadas. Punto de partida. En el centro de la noche. Cerrada que comienza. La extinción. Gran extinción. Finalmente.

NOTAS FINALES

En el poema «y sí —pronunciaste en *tempo* lento», el verso en cursiva *lasciate ogni speranza, voi ch'entrate* procede de la *Commedia* del sumo poeta italiano Dante Alighieri («Inferno»). La traducción es «abandonad toda esperanza quienes entráis». En la letanía, menciono a lxs argentinxs Alfonsina Storni (poeta y educadora feminista, 1892-1938), Néstor Perlongher (poeta, periodista y activista del Frente de Liberación Homosexual, 1949-1992), Tita Merello (cantante de tango y milonga, actriz, «arrabalera», multada por enseñar las piernas, exiliada tras el golpe de Estado de 1955 por simpatizar con el peronismo, 1904-2002), Mercedes Sosa («cantora», folklorista, militante de izquierdas y defensora de las culturas indígenas, 1935-2009), María Luisa Carnelli (poeta, periodista y militante comunista, 1898-1987) y lxs chilenxs Violeta Parra (compositora, folklorista, cantautora y militante comunista, 1917-1967) y Pedro Lemebel (escritor, *performer* y activista LGTBIQA+, 1952-2015).

Sobre el poema «debería sentir orgullo»: la cifra de tres millones cuatrocientos sesenta mil cuatrocientos noventa y un habitantes está tomada del Padrón Municipal de Madrid, fecha 1 de enero de 2024.

En el poema «bocas calladas   ojos abiertos», los versos «*no se debe decir lo que se siente/ no se sabe sentir lo que se dice*» son una reelaboración libre del soneto «No he de callar...» del madrileño Francisco Quevedo. El verso «*esto que me pasa*» procede del título de la novela homónima de la argentina Fremdina Bianco.

En el poema «en los últimos cincuenta y cinco años», la traducción del verso en italiano «*c'è troppa frociaggine*» es «hay demasiado mariconeo». No recojo la fuente porque no reconozco su autoridad y me niego a memorializar su nombre. Menciono a Rosa Parks (activista por los derechos de las personas afroamericanas, arrestada, enjuiciada y condenada el 1 de diciembre de 1955 por negarse a levantarse del asiento de un autobús reservado para personas blancas, 1913-2005), Marsha P. Johnson (activista LGTBIQA+ que participó en los disturbios de Stonewall el 28 de junio de 1969, 1945-1992) y Sylvia Rivera (activista LGTBIQA+ que participó en los disturbios de Stonewall el 28 de junio de 1969, 1951-2002).

En el poema «*la juventud está dormida*», no indico las fuentes de las alusiones porque proceden de la cultura oral de las manifestaciones o porque no reconozco la autoridad de sus autores y me niego a memorializar sus nombres.

En el poema «estás haciendo acusaciones muy graves», el verso «yo nací en un piso bajo ¡respetadme!» es una reelaboración libre de un verso del poema «Carta abierta» del gaditano Rafael Alberti. El verso «¡salvad a Barrabás!» procede de la *Biblia* (Mt 26, 21). El primer verso, que le da título, es una cita literal cuya fuente no recojo porque no reconozco su autoridad y me niego a memorializar su nombre.

En el poema «lista de cosas inútiles», en los versos «pintarme las uñas –un chico con las uñas pintadas» y «*tu problema es que haces demasiadas cosas / y no eres el mejor en ninguna*», empleo el género gramatical masculino para respetar la literalidad de las palabras que una vez fueron dichas por alguien. No importa quién fue.

Sobre el poema «en los últimos treinta años»: al parecer, la variación de cuatro metros en el eje de la Tierra depende de la masa del planeta, por las oscilaciones entre la atmósfera, los océanos y los casquetes polares. Existe una relación directamente proporcional entre la acción erosiva del ser humano sobre el medio ambiente y el cambio de masa del planeta. Al derretirse el hielo de los casquetes polares por el calentamiento global que producen las emisiones de CO_2 a la atmósfera, el desplazamiento del eje terrestre se ha acelerado.

El poema «caballos blancos pacen» dialoga con algunos de los símbolos de la obra de «teatro imposible» *El público*, escrita por el granadino Federico García Lorca hacia 1930.

Escribí el primer borrador del poema «la memoria es un órgano» en el Museo Espacio de Memoria ESMA de Buenos Aires, Argentina, el día 18 de julio de 2022, ochenta y seis años después del golpe de Estado de varios militares sublevados contra el gobierno legítimo y democráticamente elegido de la Segunda República española en 1936. El verso «*recuérdalo tú y recuérdalo a otrxs*» es una leve reelaboración del poema «1936», del exiliado republicano –«español sin ganas»– Luis Cernuda.

En el poema «saqué la imagen por fuera», los versos «quedarse/ y no marcharse/ marcharse y que ya no quede» son una reelaboración muy libre del soneto «Ir y quedarse» del madrileño Lope de Vega.

En el poema «se lo he leído a Borges», los versos «*el jardín de los senderos/ que se bifurcan*» proceden del título del relato homónimo del argentino Jorge Luis Borges, publicado en la antología del mismo nombre en 1941. El concepto «*teatro bajo la arena*» aparece originalmente en *El público*, de Federico García Lorca, y designa el teatro del futuro, destinado a «que se sepa la verdad de las sepulturas». Supongo que Borges no estaría contento de compartir poema con Lorca. No importa.

En el poema «elijo equivocarme», el verso «*aunque me tiren el puente*» procede de la canción popular republicana de la Guerra Civil española «Si me quieres escribir», conocida también como «Ya sabes mi paradero» o «El frente de Gandesa».

En el poema «luces del horizonte», los versos «*vuelvo al sur*» y «*soy del sur*» proceden de la letra del tango homónimo del político peronista, ecologista y cineasta argentino Pino Solanas. «*Final de juego*» procede del título de una antología de relatos del franco-argentino Julio Cortázar. El verso «*rompamos a llorar*» se corresponde con un fragmento del tango *Bailemos*, del letrista argentino Reinaldo Yiso. El último verso, «*compartiendo la soledad*», procede del tango *Pompas*, de lxs argentinxs Ángel Pulice y Ruth de Vicenzo. Este poema es el resultado de registros escriturales a lo largo de dos años de práctica de tango *queer* facilitada y guiada por Manu Sanz, a quien agradezco por tanto.

Traducción del guaraní de la cita del poema «TATAYPÝPE» («Junto al fuego») de la paraguaya Susy Delgado, por la propia autora: «Cuando el frío desnuda / a mi casa vieja, / se enciende débilmente en el ensueño, / un tizón. / [...] Un tizón / busco/ para encender/ la palabra».

Traducción del portugués y del tupí de la cita de la novela «Meu tio o Jaguaretê» («Mi tío el Yaguareté») del brasileño João Guimarães Rosa: «¿Estás escuchando, eh? ¿Te estás dando cuenta...? Soy un yaguareté, ¿no dije? ¡Eh! ¿No dije: me convertiré en yaguareté? Yaguareté grande, grande».

ÍNDICE

Esta primera edición de *Tres inviernos seguidos del cuaderno del Tigre* de Manuel Broullón terminó de imprimirse en Antequera (Málaga) el 28 de julio de 2025, fecha en la que se conmemora el nacimiento de Gloria Fuertes.

PUBLISHERSFORPALESTINE.ORG